妖怪にならないための言葉　目次

妖怪にならないための言葉

大川隆法
Ryuho Okawa

妖怪《ようかい》にならないための言葉《ことば》

① くれぐれも、自分《じぶん》が世界《せかい》の中心《ちゅうしん》にいると思《おも》うな。

②

優劣《ゆうれつ》を競《きそ》わせる世界《せかい》を、単《たん》に邪悪《じゃあく》だと思《おも》わず、この世《よ》でのまともな人間《にんげん》になるための、魂修行《たましいしゅぎょう》だと思《おも》え。

③

妖怪《ようかい》の本質《ほんしつ》は、自分《じぶん》の正体《しょうたい》を見《み》せず、相手《あいて》を翻弄《ほんろう》するところにある。

④

妖怪《ようかい》は、根本的《こんぽんてき》にうぬぼれており、自分《じぶん》をどう変《か》えるかではなく、自分《じぶん》がどう変《か》わったように見《み》えるかに関心《かんしん》がある。

⑤

妖怪《ようかい》は、実績《じっせき》よりも勢《いきお》いを好《この》む。

⑥

妖怪《ようかい》は、叱《しか》られるよりは、粉飾決算《ふんしょくけっさん》を選《えら》ぶ。

⑦

妖怪《ようかい》は、人里離《ひとざとはな》れて棲《す》むくせに、街中《まちなか》の評判《ひょうばん》が気《き》になってならない。

⑧

妖怪《ようかい》は、正義《せいぎ》とか、悪《あく》とかを、決《き》めつけられるのを嫌《きら》い、天来《てんらい》の才能《さいのう》が、全《すべ》てに優先《ゆうせん》すると考《かんが》える。

⑨

妖怪《ようかい》は悟《さと》ったふりが好《す》きだが、実態《じったい》は、精進《しょうじん》が嫌《きら》いで、人《ひと》の目《め》をごまかす。

⑩

妖怪《ようかい》は、自分《じぶん》の実力《じつりょく》以上《いじょう》に自分《じぶん》を見《み》せることができれば、大成功《だいせいこう》だと考《かんが》える。

⑪

妖怪《ようかい》は、家系《かけい》・血統《けっとう》の自慢《じまん》が得意《とくい》である。しかし、ライバルは、たたき落《おと》す。

⑫

妖怪《ようかい》は、相手《あいて》の恐怖心《きょうふしん》を見《み》て喜《よろこ》び、優越感《ゆうえつかん》にひたる。

⑬

妖怪《ようかい》は、同類相集《どうるいあいあつ》まって自慢《じまん》し、他《た》のグループをこきおろすのが大好《だいす》きである。

⑭

妖怪《ようかい》は、本質的《ほんしつてき》に差別《さべつ》を好《この》み、民主主義《みんしゅしゅぎ》が嫌《きら》いである。

⑮

妖怪《ようかい》の現代的特徴《げんだいてきとくちょう》を指摘《してき》すると、「ゴマカシ」にある。うわべを取《と》りつくろうのが、ことのほか上手《じょうず》である。

⑯

妖怪《ようかい》は、自分《じぶん》の失敗《しっぱい》を指摘《してき》されると、記憶《きおく》が遠《とお》くへ飛《と》んで、自分《じぶん》への褒《ほ》め言葉《ことば》は、過大《かだい》に、岩《いわ》に刻《きざ》み込《こ》む。

⑰

妖怪《ようかい》は、自分《じぶん》の仕事《しごと》や生活態度《せいかつたいど》を変《か》えさせようとする人《ひと》を軽《かろ》んじ、一刺《ひとさ》しし、事実《じじつ》をねじ曲《ま》げようとする。

⑱

妖怪《ようかい》のまわりには、お化《ば》け「提灯持《ちょうちんも》ち」と、妖怪《ようかい》「ゴマスリ」が、多発《たはつ》する。

⑲

妖怪《ようかい》は、他人《ひと》をこき下《お》ろしたり、千本《せんぼん》ノックするのが大好《だいす》きである。しかし、自分《じぶん》がそうされるのは、大嫌《だいきら》いである。

⑳

妖怪《ようかい》は、他人《ひと》の恩《おん》を感《かん》じることが少《すく》ない。しかし、他人《ひと》の手柄《てがら》を横取《よこど》りすることは大好《だいす》きである。

㉑

妖怪《ようかい》も同情《どうじょう》を示《しめ》すことがある。もちろん、相手《あいて》を格下《かくした》と見下《みくだ》してからである。

㉒

妖怪《ようかい》は、「プライド」が第一《だいいち》である。「プライド」を守《まも》るためなら、他人《ひと》の幸《こう》・不幸《ふこう》など二《に》の次《つぎ》である。

㉓

妖怪《ようかい》は、容姿《ようし》、学歴《がくれき》、身《み》のこなし、セクシーさ、金《きん》満家《まんか》であることで、貴族性《きぞくせい》を誇示《こじ》する。

㉔

妖怪《ようかい》は、時《とき》に、超能力《ちょうのうりょく》や幻術《げんじゅつ》を駆使《くし》する。しかし、自分《じぶん》のためであって、人助《ひとだす》けのためではない。

㉕

妖怪《ようかい》は、現代的《げんだいてき》には、個人主義《こじんしゅぎ》・多様性《たようせい》・少数者《しょうすうしゃ》の保護《ほご》の美名《びめい》に隠《かく》れやすい。

㉖

妖怪《ようかい》は流行神《はやりがみ》の陰《かげ》にもかくれている。「人気《にんき》」や「フォロワー数《すう》」の裏《うら》にある邪気《じゃき》を感《かん》じ取《と》れ。

㉗

妖怪《ようかい》は均整《きんせい》のとれた考《かんが》え方《かた》ができない。陰《いん》と陽《よう》が極端《きょくたん》に出《で》るが、ふだんはオブラートに包《つつ》んでいる。

㉘

妖怪《ようかい》は、時《とき》に、「権力者《けんりょくしゃ》を演《えん》じ切《き》る。」しかし、本当《ほんとう》の実力者《じつりょくしゃ》であることは、めったにない。

㉙

その人《ひと》が妖怪《ようかい》かどうか知《し》るには、その裏表《うらおもて》をよく知《し》ることである。

㉚

平気《へいき》で嘘《うそ》が言《い》えたり、平気《へいき》で記憶《きおく》をすりかえられる人《ひと》は、「妖怪《ようかい》」か、さもなくば、地獄《じごく》の悪魔《あくま》候補《こうほ》である。

㉛

「善人《ぜんにん》」のフリをしている妖怪《ようかい》は、その人《ひと》が見《み》てないところで、「ヘッ」と舌《した》を出《だ》している。

㉜

妖怪《ようかい》が、コツコツと勤勉《きんべん》であることは、ありえない。
必《かなら》ずどこかで損得計算《そんとくけいさん》の調整《ちょうせい》をしている。

㉝

妖怪《ようかい》は、目《め》を離《はな》すと、自分流《じぶんりゅう》でサボッている。

㉞

妖怪《ようかい》とは、要《よう》するに「生産性《せいさんせい》」のない人間《にんげん》であるのに、人《ひと》を欺《あざむ》き、世《よ》を欺《あざむ》く人《ひと》のことである。

㉟

妖怪《ようかい》とは、要《よう》するに、力《ちから》くらべ、知恵比《ちえくら》べ、化《ば》けくらべ、尊敬《そんけい》されくらべをして、負《ま》けたら、洞窟《どうくつ》や闇《やみ》に逃《のが》れる連中《れんちゅう》のことである。

㊱

妖怪《ようかい》は真《ま》っ当《とう》な信仰心《しんこうしん》を持《も》っていない。

㊲

妖怪《ようかい》は、他人《ひと》を騙《だま》すために、信仰心《しんこうしん》を悪用《あくよう》する。

㊳

ゆえに、妖怪《ようかい》は、「仏《ぶっ》・法《ぽう》・僧《そう》」に「三宝帰依《さんぽうきえ》」できない。

㊴

つまり、「仏《ほとけ》」に対《たい》しても邪心《じゃしん》があり、「法《ほう》」に対《たい》しては自我流《じがりゅう》の解釈《かいしゃく》をし、「僧《そう》」については、偉《えら》くなって利用《りよう》することしか考《かんが》えてない。

㊵

ゆえに、妖怪《ようかい》は、言《げん》を左右《さゆう》にして、自己保身《じこほしん》に走《はし》りがちである。

41

妖怪《ようかい》の代表格《だいひょうかく》は「天狗《てんぐ》」である。日本霊界《にほんれいかい》には、日本《にほん》オリジナルの「天狗《てんぐ》」が存在《そんざい》している。

㊷

「天狗《てんぐ》」の第一《だいいち》の特徴《とくちょう》は鼻《はな》が高《たか》いことである。「天《てん》狗《ぐ》」には、必《かなら》ず自慢《じまん》の癖《くせ》があり、「自分《じぶん》の方《ほう》が偉《えら》い。」と思《おも》えないと安心《あんしん》できない。

㊸

現代《げんだい》では、あらゆる分野《ぶんや》で「天狗《てんぐ》」が多発《たはつ》しており、功績《こうせき》も残《のこ》すが、協調性《きょうちょうせい》なく、社会《しゃかい》の破壊《はかい》も多《おお》い。「名《な》あって実《じつ》なし。」となるのが一般《いっぱん》である。

㊹

「天狗《てんぐ》」の第二《だいに》の特徴《とくちょう》は、その羽《はね》にある。「天使《てんし》」との違《ちが》いは、羽《はね》の折《お》れ曲《ま》がり点《てん》で鋭《するど》い爪《つめ》がある点《てん》にある。「悪魔《あくま》」にも爪《つめ》があるが、「天狗《てんぐ》」が「天使《てんし》」と「悪魔《あくま》」の中間的性質《ちゅうかんてきせいしつ》を持《も》っていることをよく示《しめ》している。

㊺

天狗《てんぐ》の第三《だいさん》の特徴《とくちょう》は、そのトビのような口《くち》ばしにある。ピーヒョロヒョロと鳴《な》くトンビのような口《くち》ばしである。相手《あいて》の弱点《じゃくてん》を攻撃《こうげき》する鋭《するど》い言論攻撃《げんろんこうげき》になったり、相手《あいて》の弱味《よわみ》をえぐる鋭《するど》い一撃《いちげき》を加《くわ》えることがある。

㊻

特《とく》に、「カラス天狗《てんぐ》」と呼《よ》ばれる一派《いっぱ》は、知能《ちのう》も高《たか》く、カラスそっくりの口《くち》ばしをしている。口《くち》を開《ひら》けば、自慢話《じまんばなし》か、他人《ひと》をこき下《お》ろすことに精力《せいりょく》を使《つか》っており、「反省《はんせい》」ができないという特徴《とくちょう》がある。高《たか》ころびして、挫折《ざせつ》する以外《いがい》に、自己《じこ》の実像《じつぞう》を知《し》ることは少《すく》ない。

カラスそっくりの黒《くろ》い羽《はね》をしているが、肩《かた》を落《お》とした後《うし》ろ姿《すがた》のションボリしたところを見《み》ると、悪《あく》魔《ま》より純心《じゅんしん》なところがあると思《おも》われる。

㊼

天狗《てんぐ》は頭《あたま》に黒《くろ》い烏帽子《えぼし》をつけていることが多《おお》く、かつて山岳修行《さんがくしゅぎょう》した山伏《やまぶし》の経験《けいけん》がよくある。そのため「仙人《せんにん》」同様《どうよう》の超能力《ちょうのうりょく》を持《も》っているものが多《おお》い。

㊽

その超能力《ちょうのうりょく》の一《ひと》つが「遠眼鏡《とおめがね》」で、山《やま》の上《うえ》に棲《す》みながら、木《き》の上《うえ》から、町《まち》の中《なか》の人間《にんげん》のなりわいを眺《なが》めている。このため、この世《よ》の流行《りゅうこう》や勃興《ぼっこう》してくるものに敏感《びんかん》である。ニュービジネス界《かい》の人材《じんざい》となることも多《おお》い。急成長《きゅうせいちょう》して倒産《とうさん》する者《もの》も天狗《てんぐ》が多《おお》い。

㊾

「天狗《てんぐ》」の足《あし》には、鶏《にわとり》のような蹴爪《けづめ》があり、容赦《ようしゃ》なく、ライバルを蹴落《けお》とす。その競争心《きょうそうしん》の強《つよ》さには、他《た》の「妖怪《ようかい》」も、「そこまでやるか。」と驚《おどろ》く。

㊿

伝統的《でんとうてき》に、天狗《てんぐ》は八《や》ツ手《で》の葉《は》っぱを持《も》っているとされる。風《かぜ》を吹《ふ》かせて、風雲《ふううん》を巻《ま》き起《お》こすのが大好《だいす》きなのである。ただし、「勢《いきお》い」が好《す》きで、堅実《けんじつ》な仕事《しごと》、手堅《てがた》い仕事《しごと》、末長《すえなが》い成功《せいこう》を収《おさ》めるのは苦手《にがて》である。短期《たんき》で成果《せいか》を出《だ》して、賞賛《しょうさん》を得《え》るのが大好《だいす》きである。

㊿51

これ以外《いがい》の武器《ぶき》としては「隠《かく》れ蓑《みの》」がある。ハリー・ポッターの透明《とうめい》マントのようであるが、「天《てん》狗《ぐ》」の姿《すがた》を隠《かく》して、上品《じょうひん》な「紳士《しんし》」や「淑女《しゅくじょ》」のように、キーパーソンに近《ちか》づく術《じゅつ》も持《も》っている。しかし、化《ば》けの皮《かわ》がはがれるのは、割合早《わりあいはや》い。

㊾

「天狗《てんぐ》」と「仙人《せんにん》」は、一種《いっしゅ》の霊能力《れいのうりょく》、超能力《ちょうのうりょく》を持《も》ちやすいが、「仙人《せんにん》」の方《ほう》が、「衣《い》」「食《しょく》」「住《じゅう》」についての欲《よく》が少《すく》ない。「仙人《せんにん》」は職人《しょくにん》で成功《せいこう》する人《ひと》が多《おお》い。「色欲《しきよく》」に執《とら》われると神通力《じんつうりき》を失《うしな》うのは、「天狗《てんぐ》」も仙人《せんにん》も同《おな》じである。久米《くめ》の仙人《せんにん》などが有名《ゆうめい》である。

⑤⑤

仙人《せんにん》とは、インドのヨーガ霊界《れいかい》に多《おお》い存在《そんざい》である。世俗《せぞく》とのかかわりをできるだけ絶《た》って、肉体生活《にくたいせいかつ》を軽《かろ》んじ、坐禅瞑想《ざぜんめいそう》によって、何《なん》らかの霊的体験《れいてきたいけん》や、霊能力《れいのうりょく》を持《も》とうとする人《ひと》が多《おお》い。出家後六年間《しゅっけごろくねんかん》の山林修行《さんりんしゅぎょう》をした釈尊《しゃくそん》が、ウッダカ・ラーマ仙《せん》や、アララ・カーラマ仙《せん》について、各三ヶ月《かくさんかげつ》ほどの修行《しゅぎょう》で、師《し》と同《どう》レベルに達《たっ》した故事《こじ》が有名《ゆうめい》である。

㊻

仙人《せんにん》は、俗人《ぞくじん》との交流《こうりゅう》を好《この》まないので、独《ひと》り悟《ざと》りが多《おお》く、本格的《ほんかくてき》な菩薩《ぼさつ》にはなりにくい。仏教《ぶっきょう》では、禅《ぜん》宗《しゅう》が、このヨーガ・仙人《せんにん》の系統《けいとう》を引《ひ》いている。しかし、霊的《れいてき》な自覚《じかく》に目覚《めざ》めるための断食《だんじき》などは、ある程度《ていど》、世界《せかい》の様々《さまざま》な宗教《しゅうきょう》に共有《きょうゆう》されている。

㊿57

仙人《せんにん》では、葛城山《かつらぎさん》の役小角《えんのおづぬ》などが有名《ゆうめい》である。お経《きょう》も併用《へいよう》した山岳修行《さんがくしゅぎょう》は、様々《さまざま》な秘術《ひじゅつ》を生《う》んだが、彼自身《かれじしん》は、出家得度《しゅっけとくど》していない優婆塞《うばそく》であった。一説《いっせつ》では、富士山火口《ふじさんかこう》まで空中飛行《くうちゅうひこう》して帰《かえ》ったともされる。おそらく幽体離脱体験《ゆうたいりだったいけん》だろう。弟子《でし》の一人《ひとり》、あるいは、葛城山《かつらぎさん》に住《す》む一言主神《ひとことぬしのかみ》のざん言《げん》により、朝廷《ちょうてい》に反乱《はんらん》を企《くわだ》てているとして、捕《とら》えられ伊豆大島《いずおおしま》に流《なが》された。

58

役小角《えんのおづぬ》は、母《はは》、白専女《はくとうめ》を人質《ひとじち》に取《と》られたため、捕縛《ほばく》されたが、日本《にほん》の仙人界《せんにんかい》では大《おお》きな力《ちから》を持《も》っている。飛鳥寺《あすかでら》を本拠《ほんきょ》としていた若《わか》き行基《ぎょうき》も、一時期《いちじき》、秘術《ひじゅつ》体得《たいとく》のため、共《とも》に修行《しゅぎょう》していたらしい。役《えん》の行者《ぎょうじゃ》は奈良時代《ならじだい》の修験道《しゅげんどう》の祖《そ》であるが、法相宗《ほっそうしゅう》の行基《ぎょうき》は、彼《かれ》から、祈禱《きとう》や呪術《じゅじゅつ》を学《まな》んだものと思《おも》われる。

郵便はがき

料金受取人払郵便

赤坂局
承認

8335

差出有効期間
2024年9月
30日まで
(切手不要)

1 0 7 - 8 7 9 0

112

東京都港区赤坂2丁目10−8
幸福の科学出版(株)
読者アンケート係 行

フリガナ お名前	男・女	歳
ご住所 〒 都道府県		
お電話( ) —		
e-mail アドレス		
新刊案内等をお送りしてもよろしいですか? [はい(DM・メール)・ いいえ]		
ご職業 ①会社員 ②経営者・役員 ③自営業 ④公務員 ⑤教員・研究者 ⑥主婦 ⑦学生 ⑧パート・アルバイト ⑨定年退職 ⑩他( )		

プレゼント＆読者アンケート

『妖怪にならないための言葉』のご購読ありがとうございました。
皆様のご感想をお待ちしております。下記の質問にお答えいただいた方に、
抽選で幸福の科学出版の書籍・雑誌をプレゼント致します。
（発表は発送をもってかえさせていただきます。）

1 本書をどのようにお知りになりましたか？

2 本書をお読みになったご感想を、ご自由にお書きください。

3 今後読みたいテーマなどがありましたら、お書きください。

ご感想を匿名にて広告等に掲載させていただくことがございます。
ご記入いただきました個人情報については、同意なく他の目的で
使用することはございません。

ご協力ありがとうございました！

アンケートは、右記の
二次元コードからも
ご応募いただけます。

⑲

行基《ぎょうき》（六六八―七四九）は、諸国《しょこく》を巡《めぐ》って布教《ふきょう》し、時《とき》には、道《みち》には千人《せんにん》もの民衆《みんしゅう》があふれたという。その人気《にんき》ゆえ、ねたまれ、朝廷《ちょうてい》からの迫害《はくがい》も受《う》けた。しかし、民衆《みんしゅう》とともに、道路《どうろ》、橋《はし》、堤防《ていぼう》や寺院《じいん》を建《けん》設《せっ》してゆき、文殊菩薩《もんじゅぼさつ》の生《う》まれ変《か》わりとまでいわれた。後《のち》に聖武天皇《しょうむてんのう》の帰依《きえ》を受《う》け、東大寺《とうだいじ》や国分《こくぶん》寺《じ》建立《こんりゅう》に協力《きょうりょく》。日本最初《にほんさいしょ》の大僧正《だいそうじょう》となった。

⑹⓪

行基《ぎょうき》は行基菩薩《ぎょうきぼさつ》ともいわれるが、若草山《わかくさやま》に五千人《ごせんにん》もの民衆《みんしゅう》が集《あつ》まって彼《かれ》の説法《せっぽう》を聞《き》いたこと。数々《かずかず》の土木工事《どぼくこうじ》や寺院造《じいんづく》りを考《かんが》えると、イエス・キリストや後《のち》の空海《くうかい》をほうふつとさせるものがあり、本体《ほんたい》は、如来《にょらい》の霊格《れいかく》を持《も》っているものと思《おも》われる。また仏教僧《ぶっきょうそう》の手本《てほん》を見《み》せることにより、日本霊界《にほんれいかい》で神々《かみがみ》を名乗《なの》っていた物部系《もののべけい》の豪族神《ごうぞくしん》を、裏側《うらがわ》の妖怪世界《ようかいせかい》に封印《ふういん》した一人《ひとり》ではないかと推定《すいてい》される。

㉖

なお、役小角《えんのおづぬ》をざん言《げん》したとされる一言主神《ひとことぬしのかみ》は、大和《やまと》の葛城山《かつらぎさん》の神《かみ》で、悪《わる》い事《こと》も良《よ》い事《こと》も一言《ひとこと》で言《い》い放《はな》つ、託宣神《たくせんしん》とされ、一言主神社《ひとことぬしじんじゃ》に祭《まつ》られている。役小角《えんのおづぬ》、行基《ぎょうき》らが葛城山《かつらぎさん》で山岳修行《さんがくしゅぎょう》していた時《とき》に、同時《どうじ》に、同山《どうざん》を根城《ねじろ》にしていた大和《やまと》の神官《しんかん》だと思《おも》われる。

⑥②

著者《ちょしゃ》には、一言主神《ひとことぬしのかみ》とは、物部系《もののべけい》の豪族神《ごうぞくしん》（呪術《じゅじゅつ》師《し》）であると思《おも》われる。顔《かお》が醜《みに》くかったために見《み》せたがらず、洞窟暮《どうくつぐ》らしが長《なが》く、おそらくは、土着《どちゃく》の土蜘蛛《つちぐも》一族《いちぞく》の頭領《とうりょう》だと推察《すいさつ》する。この人《ひと》が、妖《よう》怪《かい》の総参謀《そうさんぼう》を務《つと》める「ぬらりひょん」の開祖《かいそ》だろう。脳《のう》が露出《ろしゅつ》したような二頭身《にとうしん》の姿《すがた》や頭《あたま》を布《ぬの》でかくしたような姿《すがた》でよく描《えが》かれる。

㊸

妖怪《ようかい》「ぬらりひょん」の特徴《とくちょう》としては、すぐに人《ひと》の背後《はいご》に回《まわ》り込《こ》む点《てん》があげられる。正面《しょうめん》から人《ひと》に見《み》られるのを嫌《いや》がり、後《うし》ろで、お茶《ちゃ》など飲《の》みながら、エネルギーを吸《す》ったり、耳元《みみもと》でささやいたりする。人《ひと》が夕方《ゆうがた》にくたびれている時《とき》は、「ぬらりひょん」にエネルギーを抜《ぬ》かれていることが多《おお》い。

⑭

「ぬらりひょん」は、頭《あたま》の良《よ》さを自慢《じまん》しながらも、責任《せきにん》を取《と》らず、隠《かく》したり、とぼけたりするのが、得意《とくい》である。雨《あめ》の日《ひ》には、蓑《みの》や笠《かさ》で姿《すがた》を隠《かく》す。彼《かれ》を妖怪《ようかい》の総大将《そうだいしょう》とするのは、間違《まちが》いである。責任回避《せきにんかいひ》を常《つね》とする人《ひと》は、真《しん》のリーダーではない。

⑥⑤

「鬼《おに》」の定義《ていぎ》は、多様《たよう》、多種類《たしゅるい》である。唯一《ゆいいつ》の共通《きょうつう》項《こう》は、頭《あたま》に角《つの》が生《は》えていることである。一本角《いっぽんづの》の鬼《おに》は、一途《いちず》なところがあり、直線的《ちょくせんてき》である。二本角《にほんづの》は、受信《じゅしん》と発信機能《はっしんきのう》を持《も》っており、性格的《せいかくてき》には陰陽《いんよう》の両面《りょうめん》がある。

⑯

鬼《おに》には、仏《ほとけ》を外護《げご》するための地獄《じごく》の執行官《しっこうかん》（パニッシャー）と、生前凶悪犯《せいぜんきょうあくはん》であって、幽界《ゆうかい》・地獄界《じごくかい》である。恐怖《きょうふ》を起《お》こす存在《そんざい》、角《つの》の生《は》えた悪魔《あくま》の三種類《さんしゅるい》がある。また、生《い》きながらに、殺人鬼《さつじんき》と呼《よ》ばれることもある。非情《ひじょう》さと、目的合理性《もくてきごうりせい》、腕力《わんりょく》の強《つよ》さに特徴《とくちょう》がある。ただ仏《ほとけ》を外護《げご》している鬼《おに》たちは、検察官《けんさつかん》や警察官《けいさつかん》、悔《く》い改《あらた》めを現実化《げんじつか》するための執行官《しっこうかん》であって、修行中《しゅぎょうちゅう》の菩薩《ぼさつ》や諸天善神《しょてんぜんじん》も多《おお》い。彼《かれ》らは妖《よう》怪《かい》ではない。

㊼

同《おな》じく、生前《せいぜん》の善悪《ぜんあく》を裁《さば》く閻魔大王《えんまだいおう》も、姿《すがた》を変《か》えた如来《にょらい》や菩薩《ぼさつ》であって、「正義《せいぎ》」と「公平《こうへい》」を追究《ついきゅう》している。妖怪《ようかい》や悪魔《あくま》ではない。

㊳

鬼《おに》には、赤鬼《あかおに》、青鬼《あおおに》、黄鬼《きおに》、緑鬼《みどりおに》、茶鬼《ちゃおに》、白鬼《しろおに》、そして黒鬼《くろおに》がいる。赤鬼《あかおに》は感情的《かんじょうてき》に、青鬼《あおおに》は理性的《りせいてき》に善悪《ぜんあく》に反応《はんのう》する。両者《りょうしゃ》が主流《しゅりゅう》で、「黄《き》」「緑《みどり》」「茶《ちゃ》」「白《しろ》」などは、部下《ぶか》であることが多《おお》い。「黒鬼《くろおに》」は課《か》長《ちょう》、部長的《ぶちょうてき》な判断《はんだん》をすることが多《おお》い。

⑲

鬼《おに》たちは、亡者《もうじゃ》たちを悟《さと》らせるため、古典的《こてんてき》な、虎《とら》皮《がわ》パンツに、鉄棒《てつぼう》ないし、ペンチを持《も》っていることも多《おお》い。

⑰

現代《げんだい》では、閻魔大王《えんまだいおう》が、高級軍人《こうきゅうぐんじん》や病院長《びょういんちょう》、裁判長《さいばんちょう》、高級官僚《こうきゅうかんりょう》、社長《しゃちょう》、まれには、ラフ・スタイルをしていることもある。鬼《おに》も、警察官《けいさつかん》、警備員《けいびいん》(ガードマン)、自衛隊員《じえいたいいん》、医者《いしゃ》、看護師《かんごし》、教師《きょうし》(特《とく》に体育教師《たいいくきょうし》)、キック・ボクサー、空手家《からてか》、相撲取《すもうと》り、プロレスラー、柔道家《じゅうどうか》、ライフ・ガード、消防員《しょうぼういん》に変身《へんしん》していることもある。変身《へんしん》することで犯罪人的鬼《はんざいにんてきおに》との差別化《さべつか》をはかっている。

⑪

山姥《やまんば》は、伝説的《でんせつてき》な女《おんな》の鬼《おに》である。交通《こうつう》の便《べん》が悪《わる》く、旅館《りょかん》・ホテルが完備《かんび》されていなかった時代《じだい》には、山《さん》賊《ぞく》の一種《いっしゅ》として、追《お》いはぎ、強盗《ごうとう》、殺人《さつじん》などをしていた。死後《しご》の世界《せかい》でも、同様《どうよう》の悪行《あくぎょう》をしているものもいる。

⑫

山姥《やまんば》の極端化《きょくたんか》したものが「夜叉《やしゃ》」であり、「鬼女《きじょ》」とも言《い》う。自分《じぶん》の不幸《ふこう》の復《ふく》しゅうや、社会《しゃかい》への復《ふく》しゅうのため、人《ひと》の命《いのち》を奪《うば》い取《と》る。売春宿《ばいしゅんやど》のおかみや、暴力《ぼうりょく》バーのママ、高利貸《こうりが》しなどにも多《おお》く、この世的《よてき》には暴力団《ぼうりょくだん》とのつながりが多《おお》い。人《ひと》を「クスリ漬《づ》け」にして逃《に》がさない者《もの》もいる。

⑬

山姥《やまんば》の変化形《へんかけい》としては、いったんつかまえた男《おとこ》を、どこまでも追《お》いかけてくる「ろくろっ首《くび》」も妖怪《ようかい》である。首《くび》を長《なが》くしてぐるぐる巻《ま》きにしてくる点《てん》、「安珍《あんちん》・清姫《きよひめ》」の、「清姫《きよひめ》」にも似《に》ていて、男《おとこ》への執《しゅう》念《ねん》のため、巻《ま》きついて火《ひ》を吹《ふ》いて焼《や》き殺《ころ》す、大蛇《だいじゃ》のような女《おんな》の執念《しゅうねん》が妖怪化《ようかいか》してくるのである。

⑭

首《くび》だけ分離《ぶんり》して、霊子線《れいしせん》で胴体《どうたい》とつながっている「ろくろっ首《くび》」と二種類《にしゅるい》あり、分離型《ぶんりがた》が先発《せんぱつ》しているといわれる。いずれにせよ、女《おんな》の執着《しゅうちゃく》が、執念《しゅうねん》と化《か》した時《とき》、男《おとこ》は、不幸《ふこう》、転落《てんらく》、堕地獄《だじごく》、血《ち》の池地《いけじ》獄《ごく》への順路《じゅんろ》を覚悟《かくご》せねばならぬ。

⑺75

これ以外《いがい》にも、最近《さいきん》「妖怪蛤《ようかいはまぐり》」の例《れい》が報告《ほうこく》されている。やっとのことで血《ち》の池地獄《いけじごく》から逃《のが》れたと思《おも》って、ビーチでくつろいでいると、巨大化《きょだいか》した蛤《はまぐり》にバックリとくわえられて、猛速度《もうそくど》で海《うみ》の中《なか》へ引《ひ》きずり込《こ》まれ、溺《おぼ》れるのである。「セックス依存症《いぞんしょう》」で妖怪《ようかい》になり、男《おとこ》を食《く》うのである。

⑯

性愛《せいあい》と、貪欲《とんよく》から逃《のが》れられない人々《ひとびと》が、死後《しご》、大蛇《だいじゃ》変身《へんしん》して、もだえ苦《くる》しむところはよく観察《かんさつ》される。二匹《にひき》の蛇《へび》が、からみ合《あ》って、白《しろ》い腹《はら》を見《み》せ合《あ》って転《ころ》げている姿《すがた》は、おぞましさの極致《きょくち》である。

⑺

蛇《へび》の妖怪《ようかい》としては、私《わたし》は吉野山《よしのやま》の花見《はなみ》に行《い》って、「脳天大神《のうてんおおかみ》」の祟《たた》りを体験《たいけん》したことがある。脳天《のうてん》を割《わ》られた三M《さんメートル》もある大蛇《だいじゃ》が川《かわ》を流《なが》れて来《き》たので、村《むら》人《びと》がこれを小《ちい》さな神社《じんじゃ》にまつって、拝《おが》んでいた。その晩《ばん》、ホテルで、一晩《ひとばん》、巨大大蛇《きょだいだいじゃ》を追《お》い払《はら》う修法《しゅうほう》をやるはめになった。動物《どうぶつ》などを「神《かみ》」としてまつったりすると、霊力《れいりょく》をもった妖怪《ようかい》になることがある。

⑺⑻

蛇《へび》の延長《えんちょう》に、滝《たき》つぼなどで竜神《りゅうじん》を祀《まつ》るところも多《おお》いが、たいていは、ご神体《しんたい》なるものは、ただの蛇《へび》なので、ご利益信仰《りやくしんこう》のつもりが、肩《かた》こり、腰痛《ようつう》、足《あし》の不自由《ふじゆう》さなどになって戻《もど》ってくることが多《おお》い。仏法真理《ぶっぽうしんり》でしか救《すく》われない。

⑲

竜神《りゅうじん》は、宗教的霊界《しゅうきょうてきれいかい》ではよく出《で》てくる。しかし、現実《げんじつ》のこの世《よ》では、竜《りゅう》を見《み》かけることは難《むずか》しい。古代《こだい》には巨大爬虫類《きょだいはちゅうるい》が地上《ちじょう》に棲《す》んでおり、空《そら》にも翼竜《よくりゅう》は飛《と》んでいたものと思《おも》われる。霊体《れいたい》としては、妖怪《ようかい》として存在《そんざい》している。

⑧⓪

しかし、仏法護持《ぶっぽうごじ》のための竜神《りゅうじん》は、神獣《しんじゅう》であって、妖怪《ようかい》とは見《み》なされない。ただ妖魔界《ようまかい》や、地獄《じごく》には、地《ち》をはう竜《りゅう》や、空《そら》を飛《と》ぶ竜《りゅう》がおり、他《た》の妖怪《ようかい》や、地《じ》獄界《ごくかい》の住人《じゅうにん》を恐怖《きょうふ》におとしいれている。

㉛

現代宗教《げんだいしゅうきょう》としては、滝行《たきぎょう》をやった修行者《しゅぎょうしゃ》が、竜神《りゅうじん》が憑《つ》いたものと思《おも》って、小《ちい》さな教団《きょうだん》を作《つく》ったりする。その実《じつ》、教祖《きょうそ》に憑《つ》いているのは、十中八九《じゅっちゅうはっく》、蛇神《へびがみ》であり、修行途中《しゅぎょうとちゅう》で命《いのち》を落《お》とした修験者《しゅげんじゃ》である。

近《ちか》づかないことである。

㉜

「竜神《りゅうじん》を守護神《しゅごしん》に持《も》て」とかすすめている密教《みっきょう》教団《きょうだん》がある。現世利益《げんせりやく》に集《あつ》まってきた蛇霊《じゃれい》をもらい、やがて、小悪魔《こあくま》、魔王《まおう》と取《と》り憑《つ》いてくるので、できるだけ早《はや》く離《はな》れることだ。幸福《こうふく》の科学《かがく》で説《と》く「因《いん》果《が》の理法《りほう》」以外《いがい》で救《すく》われることはない。

⑧③

仏法護持《ぶっぽうごじ》のための竜神《りゅうじん》は、黒竜《こくりゅう》、赤竜《せきりゅう》、白竜《はくりゅう》、青竜《せいりゅう》、金竜《きんりゅう》などがいる。私《わたし》は以前《いぜん》、奈良《なら》の猿沢《さるさわ》の池《いけ》で、黒《こく》竜《りゅう》や金竜《きんりゅう》を霊視《れいし》したことがある。全長四十《ぜんちょうよんじゅう》メートルぐらいあった。

⑧④

黒竜《こくりゅう》は守護《しゅご》の大将《たいしょう》、金竜《きんりゅう》は、仏法護持《ぶっぽうごじ》のための財宝《ざいほう》を護《まも》る使命《しめい》がある。ただし地獄界《じごくかい》にも悪魔《あくま》が使用《しよう》するものが一部《いちぶ》あるので、注意《ちゅうい》が必要《ひつよう》だ（中国《ちゅうごく》）。

㉟

日本《にほん》の妖怪《ようかい》で多出《たしゅつ》するものに「狐《きつね》」がある。正確《せいかく》には「妖狐《ようこ》」と言《い》うべきかもしれない。山林《さんりん》の開発《かいはつ》や環境整備《かんきょうせいび》、「電車《でんしゃ》」「自動車《じどうしゃ》」「携帯《けいたい》」「スマホ」などの普及《ふきゅう》とともに、目撃例《もくげきれい》、体験例《たいけんれい》とも急速《きゅうそく》に減少《げんしょう》している。動物《どうぶつ》としての狐《きつね》、狸《たぬき》も、その実数《じっすう》を減《へ》らしているだろう。

㊱

狐《きつね》の妖怪伝説《ようかいでんせつ》は、中国《ちゅうごく》、朝鮮半島渡《ちょうせんはんとうわた》りのものが多《おお》く、狸《たぬき》の妖怪伝説《ようかいでんせつ》は、日本固有《にほんこゆう》のものが多《おお》い。

⑻⑺

電気《でんき》が通《とお》っておらず、外灯《がいとう》もなかった時代《じだい》は、夜《よる》の闇《やみ》が恐怖《きょうふ》を呼《よ》び、道《みち》に迷《まよ》う者《もの》も多《おお》かった。私《わたし》の子《こ》供時代《どもじだい》にも、前山《まえやま》で狸《たぬき》に化《ば》かされて、何《なん》キロも離《はな》れた場所《ばしょ》で発見《はっけん》された人《ひと》の話《はなし》もあった。

⑧⑧

「化《ば》ける」「化《ば》かす」という言葉《ことば》がキーワードだが、果《は》たして人間《にんげん》が、狐《きつね》や狸《たぬき》に化《ば》かされることがあるのか。動物《どうぶつ》としての狐《きつね》や狸《たぬき》は変身《へんしん》できないとしても、妖力《ようりょく》、あるいは妖術《ようじゅつ》として人《ひと》を化《ば》かせるのか。あるいは霊体《れいたい》となってからそのような力《ちから》を得《え》るのか。

㊾

私《わたし》はルーツの一《ひと》つとして「稲荷信仰《いなりしんこう》」があり、稲《いね》が豊作《ほうさく》になることを祝《いわ》う、秋祭《あきまつ》りがあると思《おも》う。地《ち》上《じょう》の人間《にんげん》が祠《ほこら》を建《た》て、神社《じんじゃ》を建《た》てて、豊作《ほうさく》を願《ねが》い、日照《ひで》りや洪水《こうずい》、虫害除去《ちゅうがいじょきょ》を祈《いの》っていると、その祈《いの》りのパワーを霊界《れいかい》で受《う》けとる存在《そんざい》があると考《かんが》える。

⑨⓪

それが狐《きつね》の霊《れい》の場合《ばあい》もあるが、救《すく》われたくて集《あつ》まっている霊体《れいたい》であることもあるだろう。何百人《なんびゃくにん》もの祈願《きがん》や感謝《かんしゃ》の念《ねん》を受《う》け取《と》った存在《そんざい》は、霊力《れいりょく》を増《ま》し、それが一種《いっしゅ》の妖力《ようりょく》を増《ま》したのだと思《おも》う。それはここ三千年《さんぜんねん》は続《つづ》いている。

㉛

こうして「妖狐《ようこ》」や「狸《たぬき》」「蛇神《へびがみ》」「稲荷大明神《いなりだいみょうじん》」などの霊力《れいりょく》が増《ま》して来《き》たのではないかと思《おも》う。妖怪世《ようかいせ》界《かい》では、思《おも》いで姿《すがた》を変《か》えられるので、そうした練習《れんしゅう》の成果《せいか》により、憑依《ひょうい》された村人《むらびと》が騙《だま》されたり、修《しゅ》行者《ぎょうしゃ》や旅《たび》の僧《そう》が変化身《へんげしん》を霊視《れいし》するようになったのではないか。

92

また町中《まちなか》でも、商売繁盛《しょうばいはんじょう》のための、稲荷神社《いなりじんじゃ》が路地《ろじ》に建《た》っている。それは、ビルの屋上《おくじょう》にもある。狐《きつね》霊《れい》か、それを自称《じしょう》する人間霊《にんげんれい》が、ご祭神《さいじん》になっていることが多《おお》い。

㉓

これが狐《きつね》が化《ば》ける、あるいは、狐《きつね》に化《ば》かされる話《はなし》が多《おお》い理由《りゆう》である。また、『今昔物語《こんじゃくものがたり》』や『日本霊異《にほんりょうい》記《き》』、『聊斎志異《りょうさいしい》』などの影響《えいきょう》も多《おお》かろう。

⑼

また「狐憑《きつねつ》き」という現象《げんしょう》は、宗教的《しゅうきょうてき》に存在《そんざい》する。ただの動物霊《どうぶつれい》の場合《ばあい》は奇行《きこう》が多《おお》くなり、人間霊《にんげんれい》が憑依《ひょうい》している場合《ばあい》は、言葉《ことば》を話《はな》すこともある。大事《だいじ》なことは、霊《れい》も嘘《うそ》を言《い》うので、矛盾点《むじゅんてん》を指摘《してき》したり、正体《しょうたい》を見破《みやぶ》ることである。

⑨⑤

現代《げんだい》の妖怪《ようかい》の三大聖地《さんだいせいち》は、鳥取県《とっとりけん》、徳島県《とくしまけん》、岩手県《いわてけん》だが、奈良《なら》や京都《きょうと》とは違《ちが》った土着信仰《どちゃくしんこう》の影響《えいきょう》も大《おお》きかろう。

⑱

おそらく今《いま》は、河童《かっぱ》が生息《せいそく》しているとすれば、高知《こうち》県《けん》の四万十川《しまんとがわ》ぐらいだろう。近《ちか》くの徳島県《とくしまけん》の穴吹《あなぶき》川《がわ》に、妖怪《ようかい》「小豆洗《あずきあら》い」の発祥地《はっしょうち》があるが、おそらく、平家《へいけ》の落人《おちうど》たちが隠《かく》れていたので、人《ひと》が近《ちか》づかぬよう、妖怪話《ようかいばなし》を流《なが》していたのだろう。私《わたし》の生《う》まれた川島町《かわしまちょう》では、聖地《せいち》エル・カンターレ生誕館《せいたんかん》のすぐ下《した》の山道《やまみち》を、夜《よる》、平家《へいけ》の落人《おちうど》の幽霊《ゆうれい》が、首《くび》なし馬《うま》に乗《の》って歩《ある》くので、「夜行《やぎょう》さん」と呼《よ》ばれていた。

⑲

妖怪《ようかい》の例《れい》は多《おお》すぎて書《か》き切《き》れない。おそらくは昔《むかし》の信仰《しんこう》が、仏教《ぶっきょう》や儒教《じゅきょう》、キリスト教《きょう》らの思想《しそう》の高《たか》さに裏側《うらがわ》に追《お》いやられて、天上界《てんじょうかい》とも地獄界《じごくかい》とも言《い》いかねる「恐怖《きょうふ》」と「こっけいさ」が同居《どうきょ》した民間《みんかん》信仰《しんこう》として残《のこ》ったのだろう。

とでも見せられる」と考えている。この点、妖怪の中心部分に存在すると思われる。人間とは「お面《めん》をつけて生きている存在」だと考えているのだ。形にとらわれ、外見や所作《しょさ》が美しければ、心も美しいと考える。心が美しければ、外見も所作も美しくなるとは考えない。ここに本質的な妖怪性があるが、常人《じょうじん》には見抜くことは不可能なので、その存在だけを伝えておく。例えれば、国民的俳優や有名歌手の「心」は読めますか、という公案《こうあん》だ。それが読めないため、この世的には大変な人気が出ることもある。実例は挙《あ》げないこととする。

心の勉強に限りはないのだ。

と樹木、草花、昆虫まで入ってくる。

本書では、生きた人間にも宿り、その特徴が出ている代表的妖怪を取り扱った。

最後に、「おかめ」あるいは、「お多福《たふく》」と呼ばれる妖怪についても書いておこう。下ぶくれした、おメン顔した女性妖怪である。その本質《ほんしつ》は、「本質を悟《さと》られないこと」にある。おそらく妖怪の総大将を張る大天狗をも超える霊力を持っている。

妖怪「お多福」は、一見幸福を呼ぶものである。しかし、仏教的に心をコントロールするのではなく、「コントロールすれば、心は何

（あとがき・解説）

妖怪《ようかい》について書いてみた。総論と各論に分かれている。総論については、あらゆる人に対し、一部当たっているであろう。あなたの中にもある「妖怪性《ようかいせい》」である。反省のための一材料としてほしい。

日本霊界や、世界の霊界にも裏側と呼ばれる場所があり、たいていは、滅ぼされた古い民族宗教の中に生きている霊存在がいる場所である。

妖怪各論については、その数は限りがない。妖精《ようせい》世界まで入れる

⑩⑩

しかし玉藻前《たまものまえ》（九尾《きゅうび》を持《も》つ狐《きつね》の妖怪《ようかい》）に準《じゅん》ずる、九《きゅう》本狐《ほんぎつね》、七本狐《しちほんぎつね》、五本狐《ごほんぎつね》などの妖魔《ようま》も、地位《ちい》ある男性《だんせい》を狙《ねら》う現代妖怪《げんだいようかい》としては存在《そんざい》するし、たいていの動物妖怪《どうぶつようかい》は、畜生道《ちくしょうどう》に堕《お》ちた人間霊《にんげんれい》であることに、注意《ちゅうい》を喚起《かんき》しておきたい。

二〇二三年　二月十三日

幸福《こうふく》の科学《かがく》グループ創始者兼総裁《そうししゃけんそうさい》　大川隆法《おおかわりゅうほう》

（追記）

妖怪「お多福」とは、天照大神《あまてらすおおみかみ》の恐怖の変化身《へんげしん》がそうなる場合がある。巨大な「お多福」化して、恐怖の変化身をつくることがあるようだ。この本を校了《こうりょう》するにあたり、激しく襲われて、生命の危険を感じたほどだった。

二〇二三年二月十八日

妖怪《ようかい》にならないための言葉《ことば》　〔新装版〕

2023年３月14日　初版第１刷
2023年３月23日　　　第２刷

著　者　　大《おお》川《かわ》隆《りゅう》法《ほう》

発行所　　幸福の科学出版株式会社

〒107-0052　東京都港区赤坂２丁目10番８号
TEL(03)5573-7700
https://www.irhpress.co.jp/

印刷・製本　株式会社 堀内印刷所

ISBN978-4-8233-0415-6 C0014

大川隆法ベストセラーズ・書き下ろし箴言集

病の時に読む言葉

1,540 円

病の時、人生の苦しみの時に気づく、小さな幸福、大きな愛──。生かされている今に感謝が溢れ出す、100のヒーリング・メッセージ。

地獄に堕ちないための言葉

1,540 円

死後に待ち受けるこの現実にあなたは耐えられるか？ 今の地獄の実態をリアルに描写した、生きているうちに知っておきたい100の霊的真実。

人格をつくる言葉

1,540 円

人生の真実を短い言葉に凝縮し、あなたを宗教的悟りへと導く、書き下ろし箴言集。愛の器を広げ、真に魅力ある人となるための100の指針。

コロナ時代の経営心得

1,540 円

未来への不安は、この一書で吹き飛ばせ！ 逆境を乗り越え、真の発展・繁栄の王道を歩むための「経営の智恵」が凝縮された100の言葉。

人生への言葉

1,540 円

幸福をつかむ叡智がやさしい言葉で綴られた書き下ろし箴言集。「真に賢い人物」に成長できる、あなたの心を照らす100のメッセージ。

仕事への言葉

1,540 円

あなたを真の成功へと導く仕事の極意が示された書き下ろし箴言集。ビジネスや経営を通して心豊かに繁栄するための100のヒントがここに。

五・七・五の定型にこだわらない、思いを言い切る「格はいく」。街角の風景、世界情勢、生霊や悪魔との対決まで──。日々の出来事に隠された驚くべき「霊的秘密」、そして著者の「本心」が、はいくのかたちで綴られます。

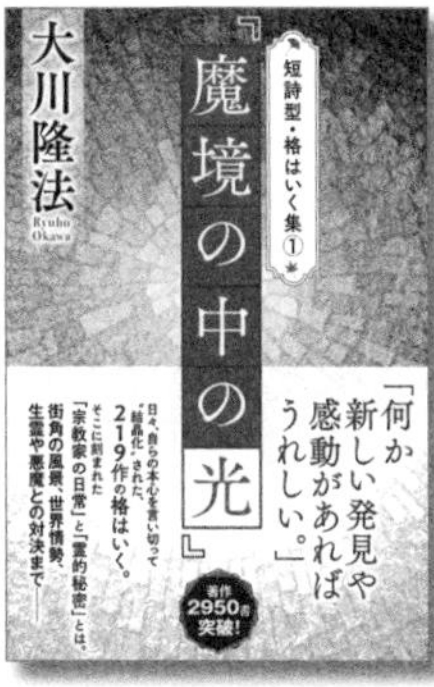

1,980円

短詩型・格はいく集①
『魔境《まきょう》の中の光』

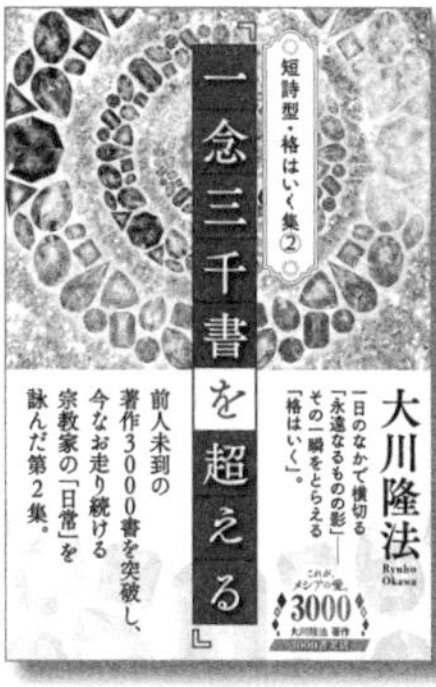

1,980円

短詩型・格はいく集②
『一念三千書《いちねんさんぜんしょ》を超える』

1,980円

短詩型・格はいく集③
『神は詩《うた》う』

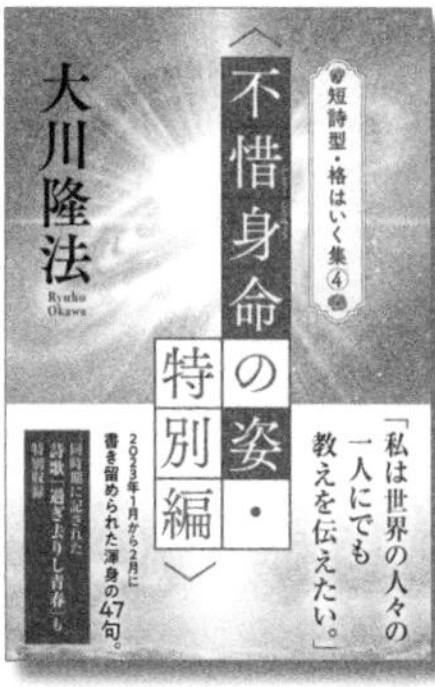

1,430円

短詩型・格はいく集④
〈不惜身命《ふしゃくしんみょう》の姿・特別編〉

幸福の科学グループのご案内

宗教、教育、政治、出版などの活動を通じて、地球的ユートピアの実現を目指しています。

幸福の科学

一九八六年に立宗。信仰の対象は、地球系霊団の最高大霊、主エル・カンターレ。世界百六十八カ国以上の国々に信者を持ち、全人類救済という尊い使命のもと、信者は、「愛」と「悟り」と「ユートピア建設」の教えの実践、伝道に励んでいます。

（二〇二三年三月現在）

愛

幸福の科学の「愛」とは、与える愛です。これは、仏教の慈悲《じひ》や布施《ふせ》の精神と同じことです。信者は、仏法真理をお伝えすることを通して、多くの方に幸福な人生を送っていただくための活動に励んでいます。

悟り

「悟り」とは、自らが仏の子であることを知るということです。教学《きょうがく》や精神統一によって心を磨き、智慧《ちえ》を得て悩みを解決すると共に、天使・菩薩《ぼさつ》の境地を目指し、より多くの人を救える力を身につけていきます。

ユートピア建設

私たち人間は、地上に理想世界を建設するという尊い使命を持って生まれてきています。社会の悪を押しとどめ、善を推し進めるために、信者はさまざまな活動に積極的に参加しています。

国内外の世界で貧困や災害、心の病で苦しんでいる人々に対しては、現地メンバーや支援団体と連携して、物心両面にわたり、あらゆる手段で手を差し伸べています。

年間約２万人の自殺者を減らすため、全国各地で街頭キャンペーンを展開しています。

公式サイト **www.withyou-hs.net**

自殺防止相談窓口

受付時間　火～土:10～18時（祝日を含む）

TEL **03-5573-7707** メール **withyou-hs@happy-science.org**

ヘレン・ケラーを理想として活動する、ハンディキャップを持つ方とボランティアの会です。視聴覚障害者、肢体不自由な方々に仏法真理を学んでいただくための、さまざまなサポートをしています。

公式サイト **www.helen-hs.net**

入会のご案内

幸福の科学では、大川隆法総裁が説く仏法真理《ぶっぽうしんり》をもとに、「どうすれば幸福になれるのか、また、他の人を幸福にできるのか」を学び、実践しています。

入会

仏法真理を学んでみたい方へ

大川隆法総裁の教えを信じ、学ぼうとする方なら、どなたでも入会できます。入会された方には、『入会版「正心法語《しょうしんほうご》」』が授与されます。

入会ご希望の方はネットからも入会申し込みができます。

happy-science.jp/joinus

三帰《さんき》誓願《せいがん》

信仰をさらに深めたい方へ

仏弟子としてさらに信仰を深めたい方は、仏《ぶっ》・法《ぽう》・僧《そう》の三宝《さんぽう》への帰依を誓う「三帰誓願式」を受けることができます。三帰誓願者には、『仏説・正心法語』『祈願文《きがんもん》①』『祈願文②』『エル・カンターレへの祈り』が授与されます。

幸福の科学 サービスセンター
TEL 03-5793-1727
（受付時間／火～金:10～20時　土・日祝:10～18時（月曜を除く））

幸福の科学 公式サイト
happy-science.jp

ハッピー・サイエンス・ユニバーシティ
Happy Science University

ハッピー・サイエンス・ユニバーシティとは

ハッピー・サイエンス・ユニバーシティ（HSU）は、
大川隆法総裁が設立された「日本発の本格私学」です。
建学の精神として「幸福の探究と新文明の創造」を掲げ、
チャレンジ精神にあふれ、新時代を切り拓く人材の輩出を目指します。

人間幸福学部　経営成功学部　未来産業学部

HSU長生キャンパス TEL **0475-32-7770**
〒299-4325　千葉県長生郡長生村一松丙 4427-1

未来創造学部

HSU未来創造・東京キャンパス
TEL **03-3699-7707**
〒136-0076　東京都江東区南砂2-6-5

公式サイト **happy-science.university**

学校法人 幸福の科学学園

学校法人 幸福の科学学園は、幸福の科学の教育理念のもとにつくられた教育機関です。人間にとって最も大切な宗教教育の導入を通じて精神性を高めながら、ユートピア建設に貢献する人材輩出を目指しています。

幸福の科学学園

中学校・高等学校（那須本校）
2010年4月開校・栃木県那須郡（男女共学・全寮制）
TEL **0287-75-7777** 公式サイト **happy-science.ac.jp**

関西中学校・高等学校（関西校）
2013年4月開校・滋賀県大津市（男女共学・寮及び通学）
TEL **077-573-7774** 公式サイト **kansai.happy-science.ac.jp**